El baño de Benito

Lada Kratky
Ilustrado por Nancy Lane

Los sábados, baño a Benito.
A Benito no le gusta el baño.
De todos modos, yo lo baño.

Benito pelea.
No le gusta meterse en la tina.
De todos modos, yo lo meto.

Benito se para en la tina.
Yo le lavo el pelo.
Le lavo el bigote.
Le lavo las patas.
—¡Estás bonito, Benito! —le digo.

Yo lo lavo bien por todos lados.
A Benito no le gusta.
De todos modos, yo lo lavo.

Al rato, Benito está listo.
Le pongo una bata.
Lo pongo al sol.
Esto sí le gusta.

—Benito, estás bonito, todo limpito
—le digo.

Y Benito me da un besito.
La verdad es ésta:
a Benito le gusta estar limpito.